FICHE DE LECTURE

Document rédigé par Vincent Guillaume
maitre en langues et littératures germaniques
(Université catholique de Louvain)

Le Portrait de Dorian Gray

Oscar Wilde

lePetitLittéraire.fr

Rendez-vous sur lePetitLittéraire.fr et découvrez :

- plus de 1200 analyses
- claires et synthétiques
- téléchargeables en 30 secondes
- à imprimer chez soi

Code promo : LPL-PRINT-10

10 % DE RÉDUCTION SUR
www.lePetitLittéraire.fr

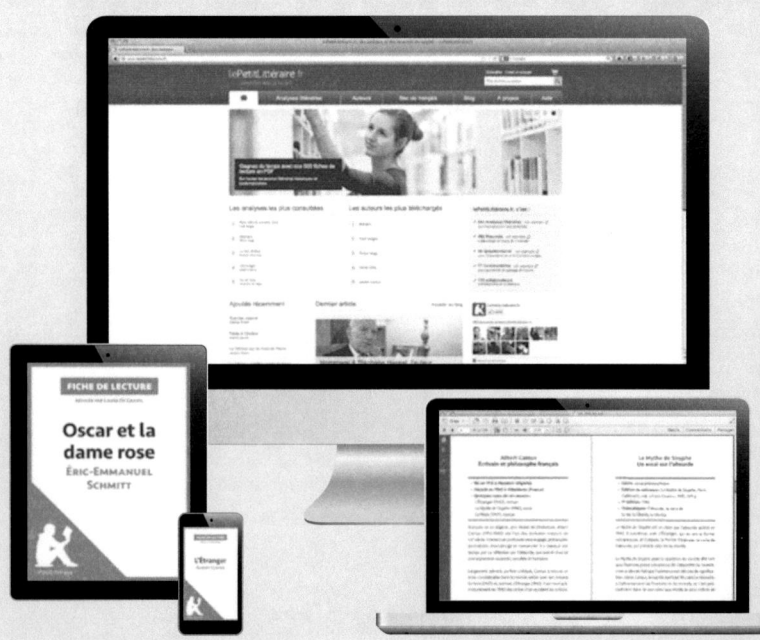

RÉSUMÉ — 6

ÉTUDE DES PERSONNAGES — 12
Dorian Gray
Lord Henry « Harry » Wotton
Basil Hallward
Sibyl Vane
James Vane

CLÉS DE LECTURE — 17
La beauté amorale
Un roman gothique
Des croyances scientifiques
Le roman reflété dans le portrait

PISTES DE RÉFLEXION — 23

POUR ALLER PLUS LOIN — 24

Oscar Wilde
Romancier, poète, dramaturge, nouvelliste et essayiste irlandais

- **Né en 1854 à Dublin**
- **Décédé en 1900 à Paris**
- **Quelques-unes de ses œuvres :**
  - *L'Âme de l'homme sous le socialisme* (1891), essai
  - *Salomé* (1893), pièce de théâtre
  - *L'Importance d'être constant* (1895), pièce de théâtre

Né en 1854, Oscar Wilde, écrivain d'origine irlandaise ayant passé une grande partie de sa vie à Londres, est certainement l'auteur le plus représentatif de la « fin de siècle » dans la sphère anglophone. Partisan du décadentisme et de l'esthétisme, il n'admet pas que quoi que ce soit interfère avec l'art et la beauté.

Ses manières de dandy exubérant et son anticonformisme choquent, et les réactions à son encontre peuvent être très virulentes. En 1895, il est condamné à deux ans de travaux forcés à la prison de Reading pour actes d'homosexualité. Ayant purgé sa peine, il s'exile à Paris et y meurt dans la misère en 1900. Ses œuvres les plus connues sont *Le Portrait de Dorian Gray* (1890-1891) et la pièce de théâtre *L'Importance d'être constant* (1895).

Le Portrait de Dorian Gray
L'image d'un dandy irlandais

- **Genre :** roman
- **Édition de référence :** *Le Portrait de Dorian Gray*, traduit de l'anglais par Richard Crevier, Paris, Flammarion, coll. « GF Flammarion », 2006, 320 p.
- **1re édition :** 1890
- **Thématiques :** vieillesse, beauté, image, immoralité, art, littérature, jeunesse

Publié initialement dans le *Lippincott's Monthly Magazine* en 1890, puis retravaillé et étoffé en 1891, *Le Portrait de Dorian Gray* est l'unique roman de Wilde. Il raconte l'histoire d'un jeune homme à la beauté fascinante qui fait le vœu de pouvoir conserver charme et jeunesse toute sa vie. Inexplicablement, son souhait est exaucé, et c'est le portrait qu'un ami a peint de lui qui se transforme à sa place, portant les marques du vieillissement et des plaisirs décadents dans lesquels il se lance à corps perdu.

Le thème-clé du *Portrait de Dorian Gray* est l'émancipation, telle que Wilde la prônait, de l'art par rapport à la morale. Le roman fait scandale à sa parution à cause de sa façon de décrire la débauche qu'embrasse son protagoniste, sans que son immoralité ne soit ouvertement condamnée par l'auteur.

RÉSUMÉ

PRÉFACE

Wilde exprime ses convictions artistiques, ramenant l'art au concept de beauté au sens large et refusant que lui soit en plus imposée une dimension morale ou utilitaire.

CHAPITRE 1

Lord Henry Wotton, en visite chez le peintre Basil Hallward, admire le portrait d'un jeune homme à la beauté extraordinaire, Dorian Gray. Basil dit refuser de l'exposer, car il y a véritablement mis toute son âme. Lorsque Dorian Gray arrive dans le studio, Lord Henry demande à lui être présenté, contre le gré de Basil qui l'implore de ne pas le corrompre par son influence néfaste.

CHAPITRE 2

Lord Henry fait la conversation à Dorian alors que celui-ci pose pour Basil. Il l'exhorte à profiter de sa jeunesse et de sa beauté avant qu'elles ne passent. Dorian est troublé par ces mots. Le portrait terminé, il a une révélation devant le tableau, « comme s'il s'était reconnu pour la première fois ». Accablé par l'idée de perdre sa beauté alors que son portrait ne changera pas, il souhaite que l'ordre des choses soit inversé.

CHAPITRE 3

Lord Henry se rend chez son oncle pour obtenir des renseignements sur la famille de Dorian. Il décide de devenir une influence pour Dorian au même titre que celui-ci l'est pour Basil.

CHAPITRE 4

Dorian raconte à Lord Henry comment il a rencontré l'amour de sa vie, l'actrice Sibyl Vane. Lord Henry est fasciné par la fougue de Dorian. Plus tard, il reçoit un télégramme annonçant que ce dernier s'est fiancé à Sibyl.

CHAPITRE 5

Ce chapitre présente Sibyl, follement heureuse de son amour avec Dorian, ainsi que sa mère et son jeune frère, James, qui s'inquiète pour sa sœur. Sa relation avec cet inconnu (qu'elle appelle « Prince charmant ») ne lui dit rien qui vaille.

CHAPITRES 6-7

Dorian, Lord Henry et Basil se rendent au théâtre. Sur scène, Sibyl joue très mal ; Dorian est catastrophé. Après la pièce, elle lui annonce avec malice qu'elle a quitté le théâtre, seul univers qu'elle ait connu, afin de se donner à lui, qui lui a ouvert les yeux sur une réalité bien plus belle. Or Dorian l'aimait justement pour son talent ; son amour le laisse froid. Dégouté, il lui dit tout son mépris et la quitte.

Rentré chez lui à l'aube, Dorian s'aperçoit que son portrait a un sourire légèrement cruel. Il se rappelle son souhait et comprend qu'il est face à sa propre conscience. Sa propre expression n'a pas changé. Pris de pitié pour son portrait, il jure de ne plus pécher.

CHAPITRE 8

Le lendemain, il écrit à Sibyl pour s'excuser. Cela fait, il se sent déjà pardonné. Lord Henry arrive cependant et lui apprend que Sibyl s'est tuée par amour. Il s'effraie de ne pas être aussi affecté par le drame qu'il le voudrait. Loin de le rassurer, Lord Henry l'encourage à voir la beauté de cette mort. Dorian s'en sent réconforté et révélé à lui-même. Il a changé d'avis quant au portrait : c'est ce dernier qui portera le poids de ses passions.

CHAPITRE 9

Basil demande à voir le portrait et mentionne son projet de l'exposer. Dorian en est terrifié. Il lui avoue alors qu'il a un secret et propose de le révéler si Basil lui explique pourquoi il ne voulait initialement pas exposer le tableau.

Celui-ci lui confesse l'idolâtrie qu'il a pour lui et qu'il croyait visible dans son tableau ; à présent, il trouve cette idée stupide. Dorian, soulagé, avoue avoir effectivement vu « quelque chose » dans le portrait, mais refuse toujours de le montrer.

CHAPITRE 10

Dorian commence à devenir paranoïaque envers ceux qui s'approchent du tableau recouvert. Il cache son portrait dans son ancienne salle d'étude, tout en haut de la maison. Il passe ensuite une bonne partie de la soirée à lire un livre étrange et fascinant que Lord Henry lui a envoyé.

CHAPITRE 11

Pendant plusieurs années, Dorian est sous l'influence de ce livre. Il mène une double vie, convenable en apparence, mais secrètement dissolue, et expérimente des plaisirs exotiques et décadents. Mais il ressent aussi une peur latente que son secret puisse être découvert. De plus, des rumeurs scandaleuses courent sur lui, mais, heureusement, sa fortune et son charme le préservent.

CHAPITRES 12-14

Dorian a 38 ans. Un soir, il rencontre Basil et se sent obligé de l'inviter chez lui. Celui-ci lui parle des rumeurs affreuses qui circulent à son sujet et conclut que, pour véritablement le connaitre, il devrait d'abord voir son âme. Dorian, hors de lui, le prend au mot et l'emmène voir le portrait. Basil comprend alors ce qui est arrivé. Dorian, en regardant le tableau, est pris d'une haine soudaine et incontrôlable pour le peintre. Il l'assassine brutalement avec un couteau.

Le lendemain, Dorian s'occupe, tâchant d'oublier son crime, et s'affole de plus en plus jusqu'à ce qu'arrive son ancien ami Alan Campbell, un chimiste. Il lui demande de faire disparaitre le corps de Basil.

CHAPITRES 15-16

Le lendemain soir, Lord Henry demande à Dorian ce qu'il a fait le soir précédent et celui-ci devient nerveux. Il rentre chez lui, brule les affaires de Basil et décide de se rendre dans une fumerie d'opium.

Alors qu'il en sort, une femme l'appelle « Prince charmant », ce qui alerte James Vane, qui sommeillait dans un coin. Ce dernier agresse Dorian dans la rue, lui annonce qu'il est le frère de Sibyl et qu'il va le tuer. Dorian lui demande de l'examiner à la lueur d'un lampadaire ; voyant qu'il semble avoir à peine 20 ans, James croit s'être trompé et le laisse partir.

CHAPITRES 17-18

Dorian se sent traqué. Bien qu'il soit conscient que sa peur d'un châtiment est irrationnelle, il est horrifié à l'idée de ne pas pouvoir échapper aux tourments de sa conscience. Il voit en la mort accidentelle d'un rabatteur durant une partie de chasse un mauvais présage annonçant sa fin prochaine. Plus tard, il apprend que le rabatteur n'a pu être identifié et qu'il avait un revolver sur lui. Dorian va immédiatement voir le corps et reconnait James Vane. Il est si soulagé qu'il en pleure.

CHAPITRES 19-20

Dorian explique à Lord Henry qu'il a décidé de changer, ayant fait trop de choses horribles dans sa vie. Mais, selon Lord Henry, Dorian n'arrivera pas à changer. Juste avant de rentrer chez lui, Dorian, hésitant, veut avouer quelque chose (très probablement concernant la mort de Basil) à Lord Henry, mais y renonce.

Une fois chez lui, Dorian pense avec nostalgie à son innocence d'antan. Il préfèrerait la purification de chacun de ses péchés à la détérioration de son portrait. Il se détermine à devenir bon. Par curiosité, il monte inspecter le portrait pour voir si une bonne action qu'il a récemment accomplie a elle aussi apporté un changement. Mais le tableau est toujours aussi affreux ; il lui semble même y déceler une expression hypocrite.

Ne pouvant plus supporter les accusations qui pèsent sur lui, Dorian tente de détruire son portrait à coups de couteau pour avoir enfin la paix. Ses domestiques sont réveillés par un cri horrible ; bientôt, ils trouvent le tableau intact et revenu à la normale, ainsi que leur maître mort, poignardé au cœur, ridé et repoussant.

ÉTUDE DES PERSONNAGES

DORIAN GRAY

C'est le fils de Lady Margaret Devereux – une aristocrate d'une beauté sublime – et d'un soldat subalterne inconnu. Devenu très tôt orphelin, il continue à vivre dans la demeure familiale, une maison richement décorée, entouré de valets et d'une gouvernante.

Doté d'un charme particulier, Dorian suscite la fascination chez ses amis Basil et Lord Henry. Il évolue radicalement au cours du récit, notamment à cause de l'influence de ce dernier :

- Dorian est présenté au départ comme un jeune homme candide, presque enfantin, spontané, quoique timide, et rempli de vitalité joyeuse ;
- bientôt, il adopte les manières d'un dandy désabusé, cynique, égocentrique et amoral, vivant pour l'art et ne ressentant aucune réelle sympathie pour les gens (par exemple, il préfère le jeu d'actrice de Sibyl à Sibyl elle-même). Sa compassion peut être profonde, mais elle est toujours fugace, car il ne s'agit pour lui que de profiter de ce qui est beau dans une personne (par exemple son côté tragique), jusqu'à ce que cela ne l'intéresse plus.

En cherchant à nourrir sa sensibilité artistique de plaisirs raffinés et défendus (y compris la drogue et la luxure, parfois via des rapports homosexuels, comme Wilde le laisse entendre), l'âme de Dorian s'avilit. Grâce au vœu qu'il a fait (chapitre 2), il conserve tout son charme, mais son portrait se dégrade à sa place.

Dorian reste cependant lucide du début à la fin : il se rend vite compte que le cynisme de Lord Henry est terrifiant et venimeux, mais il le trouve trop fascinant pour y résister ; il comprend presque immédiatement que son portrait reflète sa conscience, mais choisit de profiter de cet état de fait ; deux fois il jure de redevenir bon (chapitres 7 et 19), mais réalise rapidement qu'il n'y parviendra pas, que ce serait contrecarrer sa nature.

Bien qu'il apprécie sa double vie, dans laquelle son charme impérissable le protège des rumeurs toujours plus sulfureuses qui courent sur lui, son secret lui pèse : il devient de plus en plus paranoïaque (surtout après avoir tué Basil) et tourmenté par une énorme culpabilité. Il regrette amèrement son innocence perdue. Toutefois, la fin du texte remanié en 1891 par Wilde rend plus explicite le fait que Dorian n'est pas réellement pris de remords ; il ne peut plus supporter les accusations de sa conscience et cherche simplement à avoir la paix.

LORD HENRY « HARRY » WOTTON

Dandy par excellence (voir chapitre 3), Lord Henry est un modèle d'amoralité. Raffiné, cynique, faisant des plaisirs volages et scandaleux un art de vivre, il exprime souvent sa vision du monde dans des aphorismes et des discours improvisés (peut-être plus pour le paraitre que par réelle conviction, car il dit oublier systématiquement ses propres paroles). Il émerveille Dorian par son bagout et ses idées grisantes et, conscient de son influence, l'initie à son mode de vie.

Lord Henry garde une certaine franchise, en ce qu'il ne cache pas ses vices ou ses véritables motivations, qui font autant sa fierté personnelle que sa réputation d'être horriblement exquis.

Pour lui, l'art et les plaisirs des sens sont tout. La beauté est essentielle, au point qu'il dit trouver futile de ne pas juger une personne d'après son apparence. Blasé et superficiel, volage dans ses intérêts, il profite du moment présent et de ses amis sans s'y attacher réellement et sans se soucier du passé. C'est certainement parce que Dorian est pour lui aussi une inépuisable source de fascination – il le considère comme un des « chefs-d'œuvre » de la vie (chapitre 4) – qu'ils restent proches jusqu'à la fin.

BASIL HALLWARD

Peintre doué, mais n'atteignant les sommets de son art qu'en présence de Dorian, il est, selon ses dires, fasciné par la beauté et la personnalité de ce dernier. Dorian est devenu pour Basil, dès l'instant où il l'a rencontré, tout son art : un idéal artistique inconnu, mais universel, semble s'incarner en lui. C'est dans un moment particulièrement inspiré que Basil réalise le portrait de Dorian Gray.

Basil est une âme conservatrice, aux valeurs bourgeoises traditionnelles de bonté et de charité. L'influence amorale de Lord Henry (son ami d'Oxford) sur Dorian, qu'il pressent dès le début, est pour lui une catastrophe : en pervertissant cette « nature simple et belle » (chapitre 1), elle risque de détruire ce qui rend Dorian si unique à ses yeux. L'intérêt qu'il lui porte a donc un côté égoïste latent, ce que Dorian lui reproche d'emblée, l'accusant de ne baser leur amitié que sur sa beauté et sa jeunesse – dès qu'il vieillirait, c'en serait fini.

Refusant initialement d'exposer ses portraits de Dorian, de peur que la vénération qu'il a pour celui-ci n'y transparaisse et que les gens découvrent l'intimité de son âme, il finit cependant par trouver cette idée stupide. Après que Dorian s'est distancié de lui, il commence à penser que l'art cache l'artiste plus qu'il ne le montre – ce qui reprend l'un des points de la préface.

SIBYL VANE

Jeune fille pauvre, elle est actrice shakespearienne dans un théâtre sordide (elle joue Juliette quand Dorian la voit pour la première fois). Sa beauté émeut Dorian, qu'elle appelle constamment « Prince charmant ». Cependant, pour ce dernier, elle est une somme des personnages de Shakespeare qu'elle joue sur scène, mais jamais Sibyl Vane.

Sibyl est plus qu'innocente, elle est inconsciente de l'effet qu'elle produit sur les hommes. Elle n'a aucune expérience de la vie et a hérité de sa mère (qui semble vivre une pièce de théâtre permanente) des conceptions remplies de clichés. Sibyl manque cruellement de personnalité ; c'est encore une enfant un peu naïve qui vit dans les histoires merveilleuses qu'elle joue.

Après avoir rencontré Dorian, elle rêve de quitter l'artifice de la scène pour vivre une vraie passion – mais là encore il apparait clairement que l'idée qu'elle s'en fait a été transposée de ses histoires dans la réalité.

JAMES VANE

Frère de Sibyl, travaillant comme marin, c'est un jeune homme rude et peu loquace. Bien qu'il ne semble pas très vif, il est le seul à être réaliste dans sa famille. Comme il hait les aristocrates, il jure de tuer Dorian s'il faisait du mal à sa sœur. Le père de James, un aristocrate, n'a jamais épousé sa mère ; cette haine provient donc de l'« instinct de sa race » prolétarienne (chapitre 5).

CLÉS DE LECTURE

LA BEAUTÉ AMORALE

Dans ces paragraphes, *Le Portrait de Dorian Gray* est mis en parallèle aux deux mouvements auxquels Wilde se rattache par sa nette séparation de l'art et de la morale – à tel point qu'on peut interpréter le déclin et la mort de Dorian comme les suites d'une « hérésie » (MIGHALL R., introduction à *The Picture of Dorian Gray*, Londres, Penguin, coll. « Penguin Classics », 2003, p. xxv) : celle d'avoir donné une signification morale à son portrait, rendant hideux un bel objet d'art en l'associant à sa conscience.

Décadentisme

La fin du XIXe siècle est ressentie comme la fin d'une époque. Une réaction en vogue devient alors le rejet de ce que l'on quitte : la morale et les valeurs esthétiques traditionnelles étaient refusées – à la manière de Lord Henry exposant ses idées tout le long du roman –, et on se jette à corps perdu dans les plaisirs défendus et exotiques.

Cette attitude est typique d'un mouvement artistique, le décadentisme, expression teintée d'humour, provocatrice, libertine et sulfureuse d'un désespoir dû à l'incertitude face à l'avenir. Le dandy, que l'on retrouve autant chez les auteurs (Wilde lui-même) que chez les personnages (Lord Henry, Dorian Gray), personnifie cet état d'esprit :

- esthète d'un genre nouveau ;
- cynique envers la morale et ses idées reçues ;
- au mode de vie considéré comme peu convenable, voire scandaleux ; le charme vénéneux du dandy peut néanmoins lui permettre de briller en haute société (ou du moins dans certains milieux) ;
- éprouvant un ennui, une langueur causée par ses orgies de plaisirs éphémères toujours plus sophistiqués et par le sentiment de ne plus pouvoir en trouver de nouveaux.

Le Portrait de Dorian Gray est très imprégné de cette décadence, qui apparait notamment dans :

- les discours amoraux de Lord Henry, qui prône un « nouvel hédonisme » (chapitre 2 ; Dorian reprend cette idée au chapitre 11, associant le rejet traditionnel des félicités sensuelles à un gâchis, héritage d'une morale hypocrite) ;
- la double vie de Dorian ;
- et, surtout, les beautés empoisonnées auxquelles il se dévoue. Ce sont, d'une part, des plaisirs excentriques : le recensement au chapitre 11 de ses gouts en parfum, musique, joyaux, etc. rappelle ceux de l'antihéros des Esseintes du roman *À rebours* (1884) par l'écrivain français Joris-Karl Huysmans (1848-1908). Ce livre, sorte de manifeste du décadentisme, est probablement celui qu'offre Lord Henry à Dorian au chapitre 10, selon une idée répandue et généralement approuvée dans la littérature secondaire sur *Le Portrait de Dorian Gray* et qui s'appuie notamment sur l'estime que Wilde avait

pour cette œuvre. D'autre part, il s'agit de plaisirs défendus : Basil évoque par exemple, au chapitre 12, les fins tragiques des amitiés de Dorian avec de jeunes hommes.

Esthétisme

Le mot d'ordre de l'esthétisme, autre mouvement artistique (très proche toutefois du décadentisme) auquel on peut rattacher Wilde, est incontestablement « l'art pour l'art ». L'œuvre doit être entièrement autonome car la beauté est au-dessus de tout, notamment de la morale et de l'utilité didactique que les conventions de l'époque avaient tendance à exiger d'une œuvre.

Il n'y a rien de moral ou de didactique dans l'esthétisme. L'art comme raffinement est même élevé à un rang supérieur à celui de la nature brute (chez les décadents, cela se traduit par un attrait pour l'artifice que l'on retrouve également chez Dorian).

La poursuite de la beauté pour elle-même est reflétée dans le comportement de Dorian, qui ne recule devant rien dans sa recherche de nouvelles sensations, allant jusqu'à juger les gens (par exemple Sibyl) uniquement d'un point de vue artistique. Mais, étonnamment, « l'art pour l'art » semble également faire partie de la philosophie de Basil : au chapitre 1, il déplore que le monde ne voie en l'art qu'une sorte d'autobiographie et ait « perdu le sens abstrait de la beauté ». Et bien entendu, la préface du roman proclame avec le plus de force l'autonomie de l'art.

UN ROMAN GOTHIQUE

Le Portrait de Dorian Gray est un exemple tardif d'œuvre se rattachant au genre gothique. Existant depuis le milieu du XVIIIe siècle, ce genre, dont les récits principaux sont *Frankenstein* (1818) par Mary Shelley (femme de lettres anglaise, 1797-1851), *Docteur Jekyll et Mister Hyde* (1886) par Robert Louis Stevenson (écrivain écossais, 1850-1894) et les œuvres d'Edgar Allan Poe (écrivain américain, 1809-1849), se caractérise par :

- un climat d'horreur : le meurtre perpétré par Dorian, la mort de James Vane ;
- une atmosphère sinistre et inquiétante, à laquelle se prêtaient parfaitement les basfonds de Londres à la fin du XIXe siècle : cf. certains passages, notamment au chapitre 16, relatant la visite de Dorian à la fumerie (par exemple « La plupart des fenêtres étaient sombres, mais par moments leurs ombres fantastiques devenaient des silhouettes sur quelque store éclairé par un lampadaire. [...] Elles bougeaient comme de monstrueuses marionnettes [...]. ») ;
- des évènements surnaturels : le vieillissement du portrait à la place de Dorian ;
- une fascination pour les mystères irrationnels de l'esprit humain : le motif de la double personnalité (à l'instar du *Docteur Jekyll et Mister Hyde*), également associé à Dorian et son portrait, ou encore les terreurs paranoïaques de Dorian, surtout après son crime.

DES CROYANCES SCIENTIFIQUES

On retrouve dans *Le Portrait de Dorian Gray* des allusions à des conceptions scientifiques typiques de l'époque. Loin d'avoir vendu son âme au diable, Dorian tente par exemple brièvement de percer le mystère des transformations de son portrait en conjecturant une influence de sa pensée (voire une vibration « à l'unisson » des atomes, chapitre 8) sur une matière non pas vivante mais inerte, avant de se désintéresser de la question.

La physionomie était une pseudoscience à la mode au XIXe siècle, selon laquelle l'étude de l'aspect physique (particulièrement le visage) d'une personne permettrait de déterminer sa personnalité. Cette idée est centrale dans le récit : si le portrait se dégrade et adopte des expressions grimaçantes et sournoises à la place de Dorian qui, lui, conserve tout son charme, c'est bien à cause de la vie de plus en plus dissolue et de l'hypocrisie de ce dernier. Cependant, dans un certain sens, Wilde tourne la physionomie en dérision, puisqu'ici ce n'est pas la personne mais bien sa représentation à laquelle s'appliquent les principes de cette pseudoscience.

La question de l'hérédité, également d'actualité à l'époque, est aussi reprise dans le roman : Dorian a hérité de la beauté de sa mère, tandis que James Vane le hait car c'est un aristocrate comme son père. Alors qu'il ignore encore que ce dernier n'a jamais épousé sa mère, James rejette viscéralement la classe sociale de Dorian.

LE ROMAN REFLÉTÉ DANS LE PORTRAIT

Le tableau représentant Dorian peut être interprété comme une mise en abyme du roman lui-même. La relation entre Dorian et son portrait d'une part et celle entre Wilde et son roman d'autre part présentent en effet d'intéressantes similarités :

- pour Dorian, le portrait est une conscience extériorisée. La débauche qu'on ne voit pas sur son visage éternellement innocent s'y inscrit ; alors, il le cache. Ainsi, sa vie sociale reste globalement une réussite, mais le tableau finit quand même par causer sa perte lorsqu'il tente de le détruire ;
- pour Wilde qui, en tant qu'homosexuel, menait également une double vie, *Le Portrait de Dorian Gray* contient des allusions à ce que lui aussi doit cacher en société. Bien que Wilde les ait atténuées en 1891, ces allusions furent utilisées contre lui lors de ses procès pour homosexualité en 1895 – son roman a donc, en quelque sorte, également causé sa perte (la seule différence étant que Wilde n'aurait jamais souhaité s'en débarrasser).

PISTES DE RÉFLEXION

QUELQUES QUESTIONS POUR APPROFONDIR SA RÉFLEXION…

- Comment interprétez-vous le récit ? Quelle signification a pour vous la mort de Dorian ? Quel est le rôle du portrait ?
- Décrivez la philosophie de Lord Henry. En quels points recoupe-t-elle celle de Wilde ?
- Donnez des exemples de passages où la paranoïa de Dorian vous semble décrite à la manière gothique.
- La poursuite de la beauté sous toutes ses formes peut rendre l'esthète insensible à tout le reste. En quoi Dorian et Lord Henry sont-ils insensibles ? Ont-ils des limites ?
- Comment expliquez-vous que beaucoup de gens (notamment Basil), en présence de Dorian et sous l'effet de son charme, refusent de croire aux bruits qui courent sur lui ?
- Donnez des exemples de passages où l'art est associé à l'artifice et/ou opposé à la vie réelle.
- Dans la préface, Wilde écrit : « Un livre moral ou immoral, cela n'existe pas. Les livres sont bien écrits, ou mal écrits. C'est tout. » Le roman confirme-t-il la pensée de l'auteur ? Justifiez.
- Comparez *Le Portrait de Dorian Gray* au mythe de Faust. Dorian fait-il un pacte avec le diable ? Argumentez.
- Que dit le roman sur les préjugés sociaux de l'époque d'Oscar Wilde ?

POUR ALLER PLUS LOIN

ÉDITION DE RÉFÉRENCE

- Wilde O., *Le Portrait de Dorian Gray*, traduit de l'anglais par Richard Crevier, Paris, Flammarion, coll. « GF Flammarion », 2006.

SUR LEPETITLITTÉRAIRE.FR

- Fiche de lecture sur *Le Fantôme de Canterville* d'Oscar Wilde

Retrouvez notre offre complète sur lePetitLittéraire.fr

- des fiches de lectures
- des commentaires littéraires
- des questionnaires de lecture
- des résumés

ANOUILH
- Antigone

AUSTEN
- Orgueil et Préjugés

BALZAC
- Eugénie Grandet
- Le Père Goriot
- Illusions perdues

BARJAVEL
- La Nuit des temps

BEAUMARCHAIS
- Le Mariage de Figaro

BECKETT
- En attendant Godot

BRETON
- Nadja

CAMUS
- La Peste
- Les Justes
- L'Étranger

CARRÈRE
- Limonov

CÉLINE
- Voyage au bout de la nuit

CERVANTÈS
- Don Quichotte de la Manche

CHATEAUBRIAND
- Mémoires d'outre-tombe

CHODERLOS DE LACLOS
- Les Liaisons dangereuses

CHRÉTIEN DE TROYES
- Yvain ou le Chevalier au lion

CHRISTIE
- Dix Petits Nègres

CLAUDEL
- La Petite Fille de Monsieur Linh
- Le Rapport de Brodeck

COELHO
- L'Alchimiste

CONAN DOYLE
- Le Chien des Baskerville

DAI SIJIE
- Balzac et la Petite
- Tailleuse chinoise

DE GAULLE
- Mémoires de guerre III. Le Salut. 1944-1946

DE VIGAN
- No et moi

DICKER
- La Vérité sur l'affaire Harry Quebert

DIDEROT
- Supplément au Voyage de Bougainville

DUMAS
- Les Trois Mousquetaires

ÉNARD
- Parlez-leur de batailles, de rois et d'éléphants

FERRARI
- Le Sermon sur la chute de Rome

FLAUBERT
- Madame Bovary

FRANK
- Journal d'Anne Frank

FRED VARGAS
- Pars vite et reviens tard

GARY
- La Vie devant soi

GAUDÉ
- La Mort du roi Tsongor
- Le Soleil des Scorta

GAUTIER
- La Morte amoureuse
- Le Capitaine Fracasse

GAVALDA
- 35 kilos d'espoir

GIDE
- Les Faux-Monnayeurs

GIONO
- Le Grand Troupeau
- Le Hussard sur le toit

GIRAUDOUX
- La guerre de Troie n'aura pas lieu

GOLDING
- Sa Majesté des Mouches

GRIMBERT
- Un secret

HEMINGWAY
- Le Vieil Homme et la Mer

HESSEL
- Indignez-vous !

HOMÈRE
- L'Odyssée

HUGO
- Le Dernier Jour d'un condamné
- Les Misérables
- Notre-Dame de Paris

HUXLEY
- Le Meilleur des mondes

IONESCO
- Rhinocéros
- La Cantatrice chauve

JARY
- Ubu roi

JENNI
- L'Art français de la guerre

JOFFO
- Un sac de billes

KAFKA
- La Métamorphose

KEROUAC
- Sur la route

KESSEL
- Le Lion

LARSSON
- Millenium I. Les hommes qui n'aimaient pas les femmes

LE CLÉZIO
- Mondo

LEVI
- Si c'est un homme

LEVY
- Et si c'était vrai...

MAALOUF
- Léon l'Africain

MALRAUX
- La Condition humaine

MARIVAUX
- La Double Inconstance
- Le Jeu de l'amour et du hasard

MARTINEZ
- Du domaine des murmures

MAUPASSANT
- Boule de suif
- Le Horla
- Une vie

MAURIAC
- Le Nœud de vipères

MAURIAC
- Le Sagouin

MÉRIMÉE
- Tamango
- Colomba

MERLE
- La mort est mon métier

MOLIÈRE
- Le Misanthrope
- L'Avare
- Le Bourgeois gentilhomme

MONTAIGNE
- Essais

MORPURGO
- Le Roi Arthur

MUSSET
- Lorenzaccio

MUSSO
- Que serais-je sans toi ?

NOTHOMB
- Stupeur et Tremblements

ORWELL
- La Ferme des animaux
- 1984

PAGNOL
- La Gloire de mon père

PANCOL
- Les Yeux jaunes des crocodiles

PASCAL
- Pensées

PENNAC
- Au bonheur des ogres

POE
- La Chute de la maison Usher

PROUST
- Du côté de chez Swann

QUENEAU
- Zazie dans le métro

QUIGNARD
- Tous les matins du monde

RABELAIS
- Gargantua

Racine
- Andromaque
- Britannicus
- Phèdre

Rousseau
- Confessions

Rostand
- Cyrano de Bergerac

Rowling
- Harry Potter à l'école des sorciers

Saint-Exupéry
- Le Petit Prince
- Vol de nuit

Sartre
- Huis clos
- La Nausée
- Les Mouches

Schlink
- Le Liseur

Schmitt
- La Part de l'autre
- Oscar et la Dame rose

Sepulveda
- Le Vieux qui lisait des romans d'amour

Shakespeare
- Roméo et Juliette

Simenon
- Le Chien jaune

Steeman
- L'Assassin habite au 21

Steinbeck
- Des souris et des hommes

Stendhal
- Le Rouge et le Noir

Stevenson
- L'Île au trésor

Süskind
- Le Parfum

Tolstoï
- Anna Karénine

Tournier
- Vendredi ou la Vie sauvage

Toussaint
- Fuir

Uhlman
- L'Ami retrouvé

Verne
- Le Tour du monde en 80 jours
- Vingt mille lieues sous les mers
- Voyage au centre de la terre

Vian
- L'Écume des jours

Voltaire
- Candide

Wells
- La Guerre des mondes

Yourcenar
- Mémoires d'Hadrien

Zola
- Au bonheur des dames
- L'Assommoir
- Germinal

Zweig
- Le Joueur d'échecs

Et beaucoup d'autres sur lePetitLittéraire.fr

© LePetitLittéraire.fr, 2014. Tous droits réservés.

www.lepetitlitteraire.fr

ISBN version imprimée : 978-2-8062-1154-5
ISBN version numérique : 978-2-8062-2009-7
Dépôt légal : D/2013/12.603/528